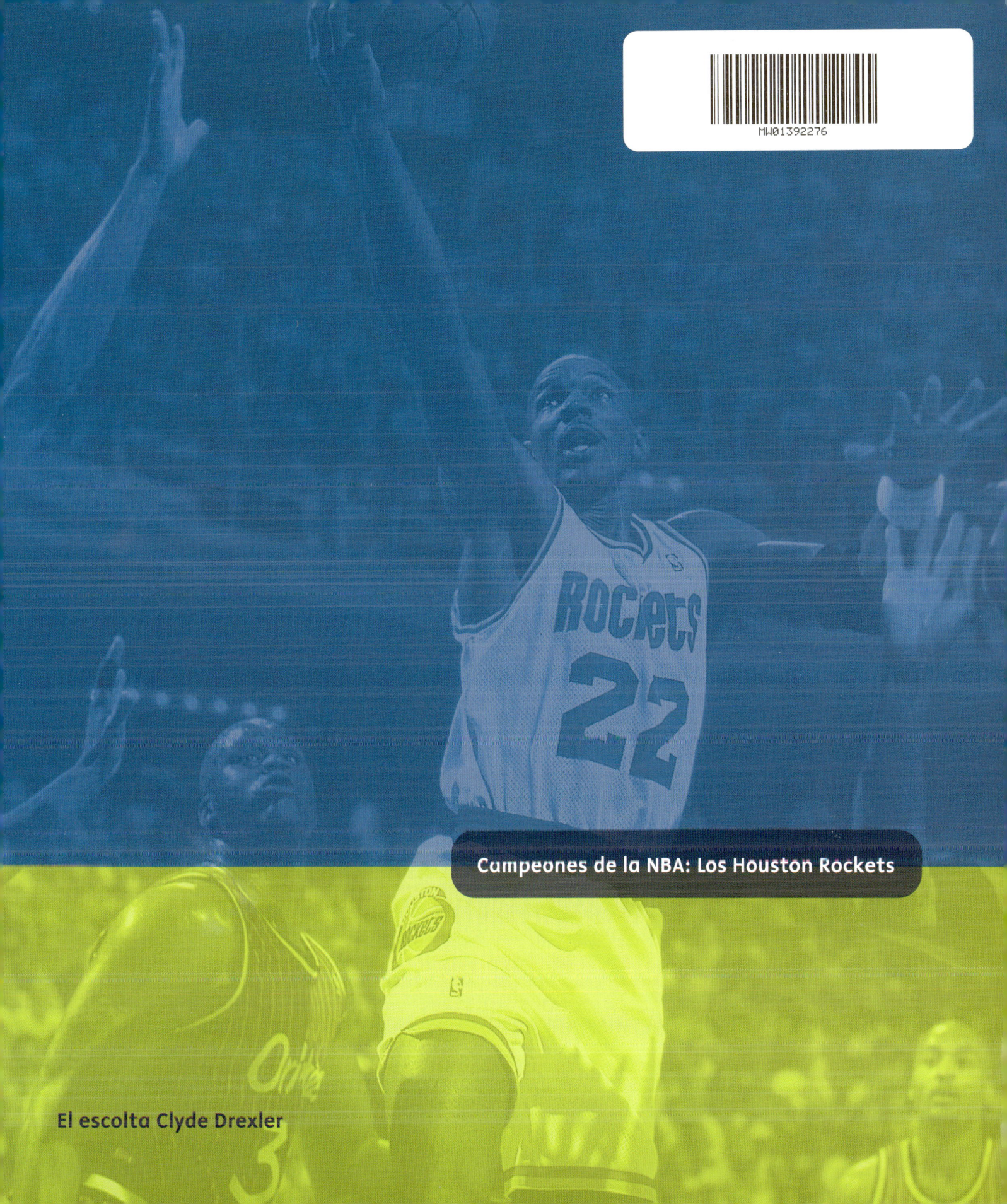

Campeones de la NBA: Los Houston Rockets

El escolta Clyde Drexler

El escolta Robert Reid

CAMPEONES DE LA NBA

LOS HOUSTON ROCKETS

POR JAMES BARRY

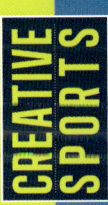

CREATIVE EDUCATION / CREATIVE PAPERBACKS

El centro Moses Malone

Publicado por Creative Education y Creative Paperbacks
P.O. Box 227, Mankato, Minnesota 56002
Creative Education y Creative Paperbacks son sellos de
The Creative Company
www.thecreativecompany.us

Dirección artística de Tom Morgan
Producción de libros de Graham Morgan
Editado por Grace Cain

Imágenes de Getty Images/Al Bello, 20, Andrew D. Bernstein, 7, 12, 16, Bill Baptist, 5, Dick Raphael, 2, 15, 19, Jamie Sabau, 24, John W. McDonough, 1, Nathaniel S. Butler, 3, 6, Thearon W. Henderson, portada, Tim Warner, 10, Desconocido, 9, Vernon Biever, portada, 4
Se ha hecho todo lo posible por contactar con los titulares de los derechos de autor del material reproducido en este libro. Cualquier omisión será rectificada en impresiones posteriores si se notifica al editor.

Copyright © 2025 Creative Education, Creative Paperbacks
Derechos de autor internacionales reservados en todos los países. Ninguna parte de este libro puede ser reproducida en forma alguna sin permiso escrito del editor.

Library of Congress Cataloging-in-Publication Data
Names: Barry, James (Author of children's books), author.
Title: Los Houston Rockets / by James Barry.
Other titles: Houston Rockets. Spanish
Description: Mankato, Minnesota : Creative Education and Creative Paperbacks, [2025] | Series: Creative sports. Campeones de la NBA | Audience: Ages 7-10 years | Audience: Grades 2-3 | Summary: "Elementary level text translated into North American Spanish and dynamic sports photos highlight the NBA championship wins of the Houston Rockets, plus sensational players associated with the professional basketball team such as Jalen Green"-- Provided by publisher.
Identifiers: LCCN 2024023421 (print) | LCCN 2024023422 (ebook) | ISBN 9798889898184 (lib. bdg.) | ISBN 9781682778777 (paperback) | ISBN 9798889898382 (ebook)
Subjects: LCSH: Houston Rockets (Basketball team)--Juvenile literature. | Basketball--Texas--Houston--History--Juvenile literature.
Classification: LCC GV885.52.H68 B3718 2025 (print) | LCC GV885.52.H68 (ebook) | DDC 796.323/64097641411--dc23/eng/20240703

Impreso en China

El alero Luis Scola

El escolta Mario Elie

ÍNDICE

Hogar de los Rockets   8

Nombrando a los Rockets   13

Historia de los Rockets   14

Otras estrellas de los Rockets 18

Acerca de los Rockets   22

Glosario   23

Índice   24

CAMPEONES DE LA NBA

Hogar de los Rockets

Houston (Texas) es la ciudad más grande del sur de Estados Unidos. Es grande en la industria del petróleo y el gas. La ciudad es conocida como "La Capital Mundial de la Energía". Houston tiene un **estadio** llamado Toyota Center. Es el hogar de un equipo de baloncesto llamado los Rockets.

El escolta Jalen Green

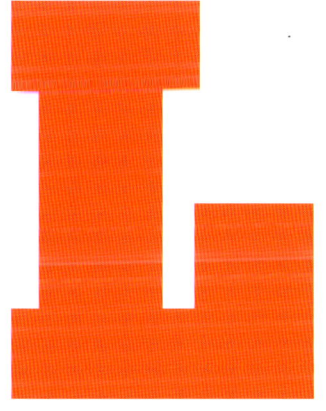os Houston Rockets son un equipo de la Asociación Nacional de Baloncesto (NBA). Juegan en la División Suroeste. Forman parte de la Conferencia Oeste. Sus **rivales** son los Dallas Mavericks y los San Antonio Spurs. Todos los equipos de la NBA quieren ganar las Finales de la NBA y proclamarse campeones.

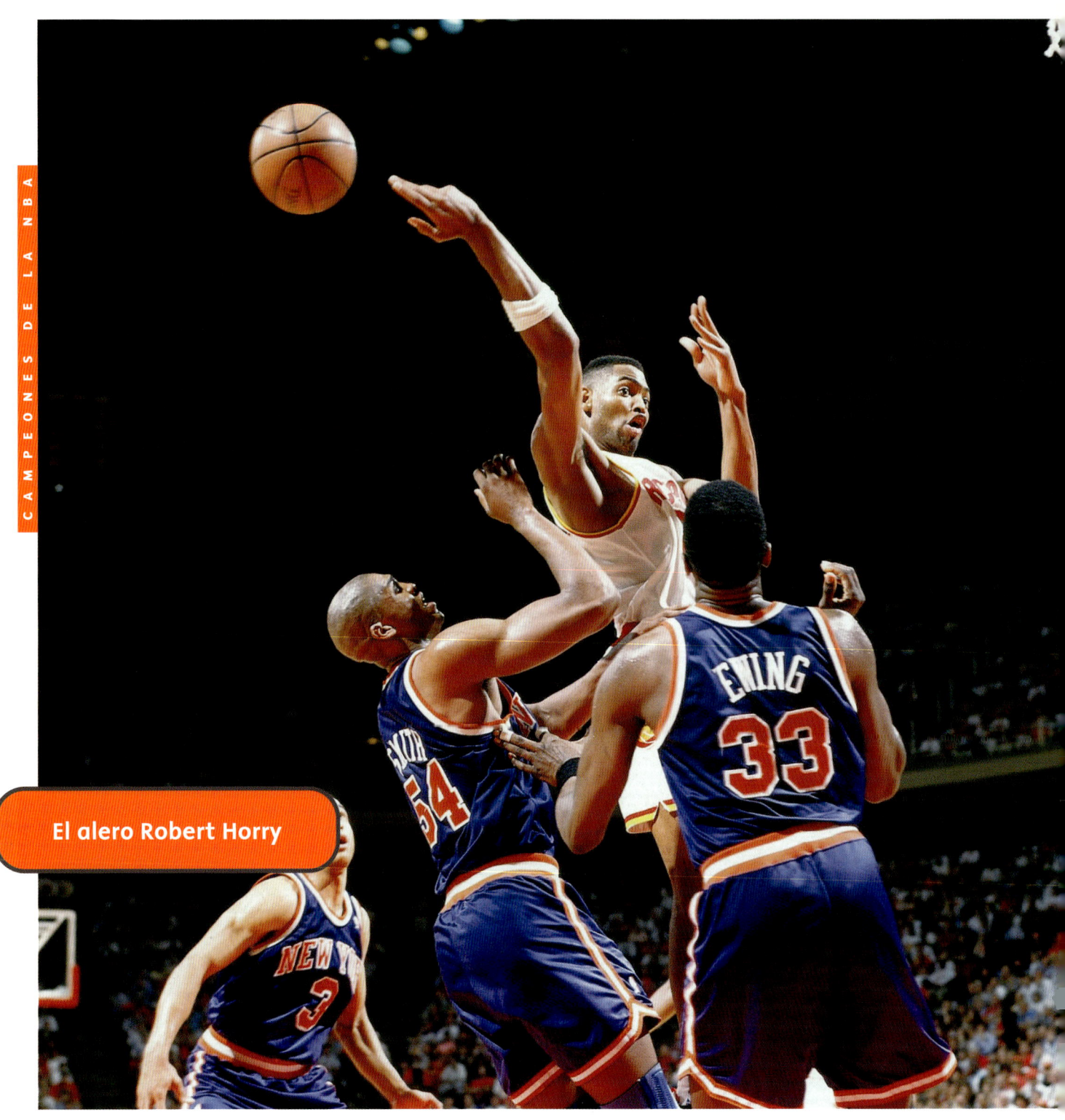

CAMPEONES DE LA NBA

El alero Robert Horry

Nombrando a los Rockets

Equipo nació en San Diego (California). Esta ciudad es el hogar de estudios y educación espaciales. Cuando el equipo se trasladó a Houston, los propietarios mantuvieron el nombre. Pareció una buena idea. Houston es donde los astronautas se entrenan para llevar cohetes al espacio.

Historia de los Rockets

Los Rockets empezaron a jugar en 1967. Al principio ganaban muy pocos partidos. El mejor jugador del equipo era el legendario Elvin Hayes. Lideró la NBA en anotación en su primer año con los Rockets.

En 1971, los Rockets se trasladaron a Houston. El centro Moses Malone se unió al equipo en 1976. Les ayudó a llegar a las **eliminatorias** cuatro años seguidos. Malone ganó dos premios al **Jugador Más Valioso (MVP)** con Houston. En 1981, los Rockets llegaron a las Finales de la NBA. Perdieron contra los Boston Celtics.

El alero Elvin Hayes

LOS HOUSTON ROCKETS

El centro Hakeem Olajuwon

LOS HOUSTON ROCKETS

En 1984, los Rockets hicieron una elección importante. Eligieron al centro Hakeem Olajuwon en el primer puesto del Draft de la NBA. Era un gran anotador y uno de los mejores bloqueadores de tiros de la historia. Lideró a los Rockets a los campeonatos de la NBA de 1994 y 1995.

Los Rockets no han ganado más **títulos**. Han tenido temporadas ganadoras la mayoría de los años. En la década de 2000, los aficionados de Houston disfrutaron viendo al centro Yao Ming, de 7 pies y 6 pulgadas, y al habilidoso escolta Tracy McGrady. El escolta de puntuación alta James Harden se unió a los Rockets en 2012. Ganó el premio MVP en 2018.

Otras estrellas de los Rockets

Dos de las primeras estrellas de los Rockets fueron el alero Rudy Tomjanovich y el base Calvin Murphy. Más tarde, Tomjanovich entrenó a los Rockets en sus campeonatos consecutivos. Con sus 5 pies y 9 pulgadas Murphy corría rápido y encestó un tiro tras otro.

El base Calvin Murphy

LOS HOUSTON ROCKETS

CAMPEONES DE LA NBA

El base Fred VanVleet

El alero Ralph Sampson fue nombrado Novato del Año de la NBA en 1984. Fue All-Star en sus cuatro primeras temporadas con los Rockets.

En 2023, los Rockets incorporaron al base Fred VanVleet. Se unió al centro Alperen Şengün y al escolta Jalen Green. Los aficionados esperan que pronto puedan formar otro equipo campeón.

Acerca de los Rockets

Primera temporada: 1967-68

Conferencia/división: Conferencia Oeste, División Suroeste

Colores del equipo: rojo, plata, negro y blanco

Estadio local: Toyota Center

CAMPEONATOS DE LA NBA:

1994, 4 partidos a 3 sobre los New York Knicks

1995, 4 partidos a 0 sobre el Orlando Magic

PÁGINA WEB DEL EQUIPO:

https://www.nba.com/rockets

Glosario

eliminatorias—partidos que los mejores equipos juegan después de una temporada regular para ver quién será el campeón

estadio—un edificio grande con asientos para espectadores, donde se celebran partidos deportivos y eventos de entretenimiento

Jugador Más Valioso (MVP)—un honor otorgado al mejor jugador de la temporada

rival—un equipo que juega más duro contra otro equipo

título—otra palabra para campeonato

El centro Alperen Şengün

Índice

Green, Jalen, 10, 21

Harden, James, 17

Hayes, Elvin, 14, 15

Horry, Robert, 12

Malone, Moses, 4, 14

McGrady, Tracy, 17

Ming, Yao, 17

Murphy, Calvin, 18, 19

nombre del equipo, 13

Olajuwon, Hakeem, 16, 17

Sampson, Ralph, 21

Şengün, Alperen, 21, 24

Tomjanovich, Rudy, 18

Toyota Center, 8, 22

VanVleet, Fred, 20, 21